A Látnok Útja

A megvilágosodáshoz vezető út

Almine

Plusz: A Végtelenség Tekercsei

Kiadja a Spiritual Journeys LLC

Copyright 2009

P.O. Box 300
Newport, Oregon 97365

www.spiritualjourneys.com

Készült az Amerikai Egyesült Államokban

ISBN 978-1-941930-02-1 (Hardcover)

ISBN 978-1-941930-03-8 (Adobe Reader)

Tartalomjegyzék

"Micsoda felbecsülhetetlen értékű élmény számunkra bepillantást nyerni korunk egyik legkiemelkedőbb személyiségének az életébe. Ez a könyv, minden kétséget kizáróan, mély benyomást fog hagyni."

Nagytiszteletű Armen Sarkassian nagykövet
Örményország volt mininszterelnöke
Cambridge egyetem (Anglia) asztrofizikusa
Egyesőlt Királyság

A szerzőről

Almine egyszersmind misztikus, gyógyitó és tanitó, aki az évek során több országban járt, s több ezrét azok közül, akik fejlett metafizikai koncepcióinak világos kinyilatkoztatásához vonzerőt éreztek, erővel ruházott fel. Szolgálata nyomán kimondhatatlan csodák keletkeztek.

Misztikus és szent dolgok gazdag kincsei által vezérelt élete során sok fény-mesterrel volt szemtől-szembe való személyes találkozása, ahol az ősök nyelvének mind írott, mind beszélt formáját mesteri szinten kezelte.

Tanításainak eszmei lényege, hogy mind a mesteri mind a szeretet szintjén megvalósult élet nemcsak hogy lehetséges, hanem minden emberi lény előjoga e tökéletességi síkokra eljutni. Pályájának egyik állomása az volt, hogy megtanuljon a fizikai dimenzió szintjén élni, s eközben öntudatossága és tágassága közt finom egyensúlyt tartani.

*A pillanat jelenében az erő szintjén
élünk, örök idővel és a Végtelen
szándékával összhangban. Akaratunk
az isteni akarattal egybeforr.*

Almine

A Látnok Útja

Éltem pályája hosszú s szenvedéllyel teli volt, míg el nem jutottam arra a szintre, ahol megértettem az élet értelmét. Kerestem azt a természettel való kapcsolatban, pusztákon és magas hegyeken böjtölve. Fürkésztem bölcsek és bolondok szemében egyaránt, de mindegyikükben csupán önmagam képmása tükröződött.

Útkeresésem során több válaszra is találtam, de a kérdések sosem szűntek meg. Az utak körbe-körbe vezettek, mindig ugyanoda térve vissza, s magammal állítottak szembe. Montana hegyláncai közt takaróm alatt heverve az összes csillagot láttam amint az éjszaka kerekén körpályájukat járták, az Északi Csillag kivételével, mely mozdulatlanul s fennségesen mennyei trónján tündökölt.

Igy jutottam nyugalomra, miként sokan mások elöttem, amint fürkésző elmém lecsendesedett. Folyók zúgtak bennem. Süvöltő széllé s pusztákon át vágtató vadlovakká lettem. Ez a megboldogultság érzésének mélysége minden vágyamat elnyelte. Határt nem ismertem. Sejtjeim hullámzottak a nevetéstől. Az isteni önkívület mézizű volt ízlelőbimbóimon.

Ezzel egyidőben tágasságom mélységes epekedésében egy kérdés visszhangja járta át lelkemet. Az álom kilépett az álmodozó elméjéból, de vajon az álmodozó ugyanakkor nem tért-e vissza ezzel az álomba? Mozdulatlanná váltam, miként az Északi Csillag, s tágasságomba foglaltatott a mozgás is.

S megintcsak, amint ágyamban heverve minden élet mozgását figyeltem, egy halk suttogásra lettem figyelmes:

az élet utazás, nem sátortábor. Miként a tömegek szűkült nézőpontjuknak, akként a bölcs is saját öröm-mámorának rabja.

A látnoknak ezzel szemben, aki észlelésektől vezérelten kutat, ereje egyre növekszik, minél magasabbra hág. A megvilágosodott mester, ki nem keres többé értelmet, annak személyes ereje elszívárog, s mint maréknyi homok, kifolyik ujjai közül.

A látnok spirális útja és a blöcs egysíkú tágultsága metszőpontján léptem a következő dobogó szintjére. Gyermekkori emlékek, kacajaikkal együtt, visszatértek. Az ismeretlen iránti kalandvágy, a távoli látóhatárok hívószava, mind újraéledtek bennem.

De a gyermek nem mehet vissza az anyja méhébe, miként a folyó sem tér vissza forrásához. Leszállva emberi állapotom drámájába, újra felvettem ember- szerepemet, tudva azt hogy bár e színjátéknak van értéke, én magma nem vagyok a szerep színésze.

A sas és a csiga látóhatára szintjéről egyaránt voltam képes személni az életet. A vihar fergetegének nyugalmi középpontjából éltem. Isteni kielégületlenségtől hajtottan törtettem előre. Tudtam, hogy még sok kérdés válaszolatlanul maradt, s valami még mindig nem látott napvilágot.

Minden, ami a kozmikus életben élt, bennem lakózott. A formák világa szolgáltatta válaszok mind kimerültek. A Föld ösvényeit bejárva, az idő és a tér mesterévé lettem. Utam rejtett világokba vitt, ahová kevés látnok merészelt, angyalok s démonok, sárkányok és istenek Közé – tudni akartam, amit ők tudnak.

S bár mindegyikük az Élet Könyve egy lapjának birtokában volt, nagy felfedezésre Bukkantam – az emberi faj szívében van az egész könyv elrejtve.

Bár öncentrikusságunk elhomályosítja, a kozmosz egész ismerete az emberi fajban található. Minden lény legsötétebbike, az ember a makrókozmikus élet mikrókozmusza.

Ezzel kacérkodni, csodálatos fénybirodalmakon belüli felfedező és játékos utakra térni. De mint hal az akváriumban, körbe-körbe jár az élet az ismert dolgok keretein belül.

Az állandó megújulás kereke

Az idő eszköz, mintsem valóság. A formák illúziojának támasza.
Az időtlenség síkján a formák szolid látszatának zsarnoki satufogása
kienged.

Utamon jegyzeteket készítettem, nem törődve azzal, hogy leszenek-e akik hisznek, vagy akik megvetik majd szavaimat. Mint kalandvágytól hajtott felfedező végtelen tengeren hánykódva, feltérképeztem az elmén túli világokat, abban reménykedve, hogy a foglyul ejtett emberiség számára hátrahagyom majd a kapuk kulcsait.

Az élet dicsősége, részleteiben tükröződve, valahogy valótlannak tűnt számomra. Tükrök világában élünk, s ettöl csak fokódott bennem az elégedetlenség érzete. Elménk korlátai alól felszabaulva világosabban láthatunk. Ugyanakkor a tér, idó és formák illúzióján túlmenően még további valótlan húzódik meg.

Minden korábbi határon túlmenve időtlen világokba léptem be, ahol még a pillanat illúziója is megszűnik – ott kerestem a végtelen végét. Testem mezői repedezni kezdtek, f elfhasadtak a feszültségtőlt, amint a tükrok végtelen szaporulatú ismétlődését láttam.

Ugyanakkor a hasító fájdalom és a szívszaggató gyötrelem nagy áldással járt. Még több fényt voltam képes elviselni, még élesebb lett a látásom, amint halhatalanná váltam.

Az elme teljesen lenyugodott, mint a holdfényben úszó csendes tavacska. Irás és beszéd magától, gondolatoktól mentesen jöttek.

Királyságok nyelvei, az életnek az atomnál kisebb alkotóelemei --- minden amit tudnom kelett, megnyílt számomra. A kozmosz kutatására nem volt már szükség.

Akár otthoni tűzhelyem előtt ültem, akár forgalmas utcákat jártam, az egek mindenütt megnyíltak elöttem. Hatalmas csodáknak voltam tanúja. A kozmoszt övezó tükrök többszörös rétege csupán hártyáknak bizonyultak, mint amelyek a bőrön találhatók.

Mérhetetlen kozmoszunkhoz hasonló egész kozmosz-nyalábsorozatok spirálját láttam. Tizenkét spiral-szerű kozmoszi pályát fedeztem fel. Fürtökként gyarapszanank, egyből sok lesz, s az örökkévalóságba nyúlnak

Nincs többé szükség titkok világába zarándokolni. Semmi nem volt többé elrejtve előlem. Testem halhatatlan mesteri mivoltot öltött.

Atlantisz angyalainak a kereke

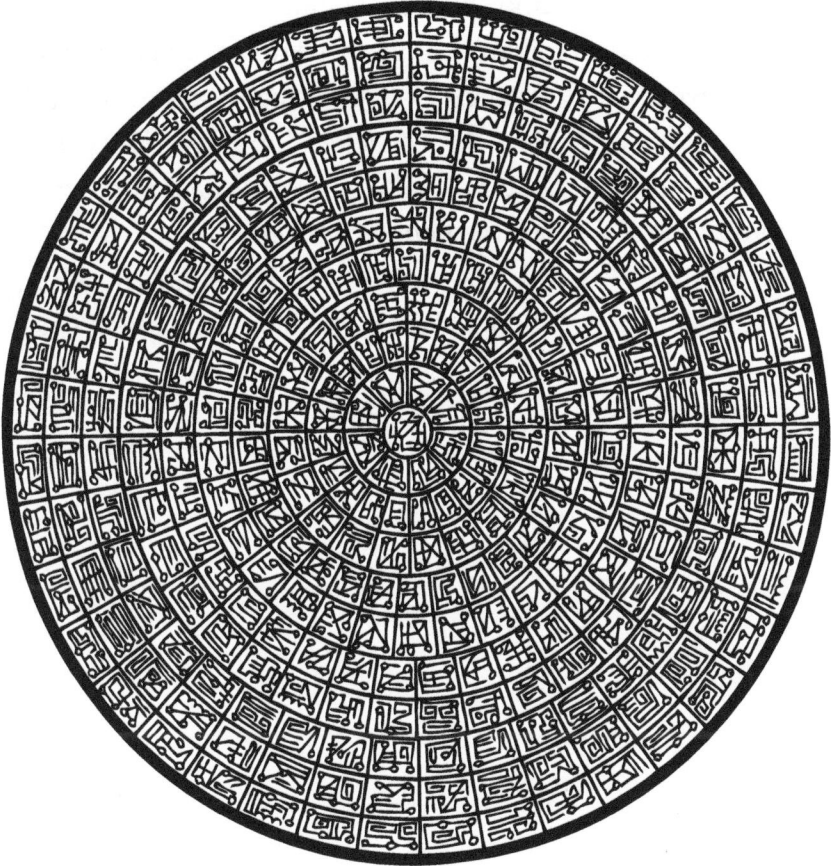

A pillanat értelmét, hiánya adja meg. Ami értelmezhető, valótlan

Amint tanulmányoztam és figyelemmel kisértem amit megláthattam, mélységes válaszok nyíltak meg elöttem. Az örökkévalóságba nyúló számtalan spirál-rengeteg csupán egyetlen DNS-fonál tükröződései voltak.

Tükrök csarnokában állva, végtelen képsorozatok szerteágazódását látnánk. A legkisebb rezdülés mindegyikükre kihat. Az örökké kibontakozó valóság minden fennséges és átfogó változása nem más, mint az élet legparányibb alakotóelemeiben vetülő kép.

Az atomnál kisebbb részecskék szívéből sugárzik az Egy Élet változhatatlan kibontakozása. Ez volt az Álom lényege.

Lemúria angyalainak a kereke

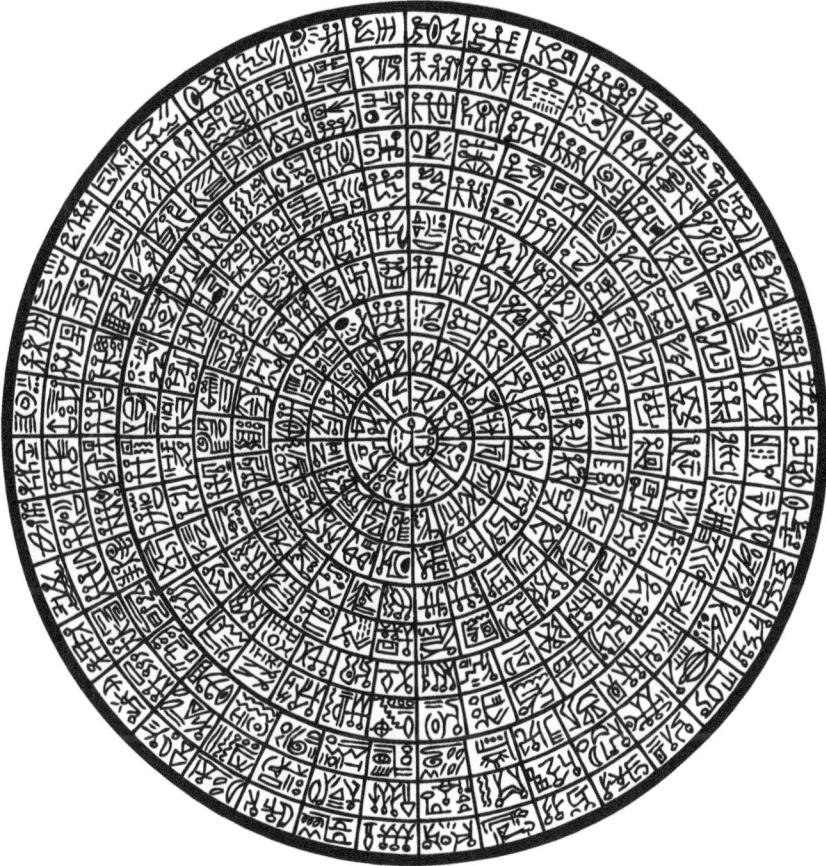

A Végtelen (Lény) az élet alkotóelemein keresztül világítja meg a kozmikus kibontakozás végtelen szakaszait.

Véget nem érő térbe nyertem bepillantást, de csupán tükörképeket láttam. S természetükhöz hűen, a tükrökben a valóság ellentétjét mutatták.

Ezután az atomnál kisebb részecskék, az Örokkévalóság legparányibb ablakainak a szíven át néztem kifelé. Ostobaságomra ott derült fény. Nagy vagy kicsiny, külső vagy belső nem volt többé, ellentétek ugyanis képtelenek egymás nélkül létezni.

A külsőben lakózik a belső, az ébrenlétben az álom. A kozmikus kibontakozás magában foglalja a változatlant. A sokat kerestem az Egy-ben, de csupan önmagamra leltem.

A tükörben viszont tisztán láttam a különféle formák táncát az élet színpadján. Hogyan is ne létezhetne más? Szépségük hová tűnt?

Szívem mélyén e szavak suttogtását hallottam: "A szépség, amit láttál, a tiedé volt. Az óceán végtelen nagyságát soha nem lehet se felosztani se értelmezni. Egyetlen Lény létezik csupán, aki formátlan formálásban fejezi ki önmagát. A tükör amit elképzeltél, miként a rád irányított ujj, azt mutatta meg neked, ami nem te vagy, hogy ezt magad is tudd."

Ezek szerint akkor az én formám is valótlan, s értelmét annak hiányából nyeri. Maga a színpad is, melyen életem táncát járom parányi alakotóelemek közreműködése révén, szintúgy illúzió mind. Üreges csont lennék-e hát, mely sosem létezett?

"Üreges csont nélkül nem lehet fuvolát készíteni. A Végtelen élet lehelletének csodálatos zenéje szól a fuvola üregében."

Akadályok nélkül táncolok hát, gátlástalanul. Önreflexióra nem hagyatkozom, tükrök ugyanis sosem képesek megmutatni az Egy Életet, mely spontán zajlik bennem. Az illúzió formájának keretén belül szívem hálás, tudva azt, hogy minden az Egy Élet spontán alktószándékát szolgálja.

Minden élet kifürkészhetetlen. Nincs mit megérteni, nincs miért küzdeni, mivel mindnyájan az Egyetlen Egy kifejezései vagyunk. A teremtés a Teremtő. Az Egy Életen belül nem létezhet viszony vagy kapcsolat. Karöltve ezzel az ellentmondással, békés életet élünk.

Az egymásba fonódó valóságok kereke

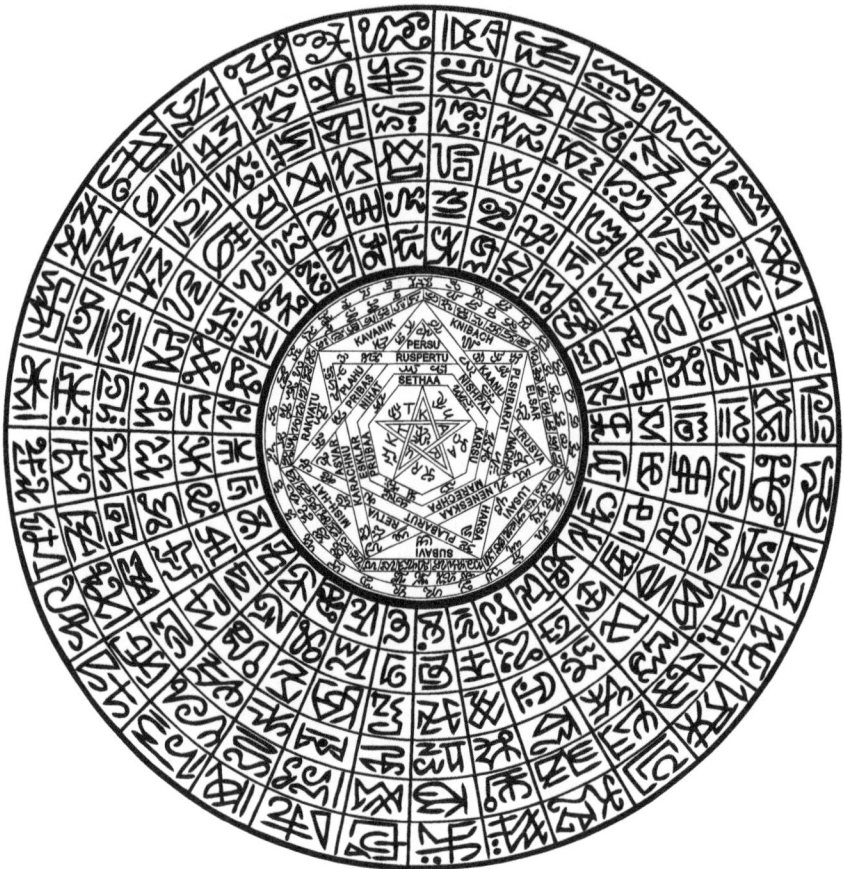

A Végtelenség Tekercsei

Hogy míly távoli heleyken kutattam, s míly magasra hágtam csakhogy végre megismerjem az önátadás békéjét? Mint az Egy Élet teremtménye – e kozmikus otthonban, minden vagyok, noha örökké egyedül.

De szárnyaink mellett gyökereinknek is ott kell lenniük, melyekkel a Föld dolgait élvezhetjük. A szent könyvtárak mélységes adomanyai sok országon belül mindazok rendelkézésre állnak, akiknek szemük van a látásra.

Halljátok hát bölcsességüket, amit régi idők óta őrizet alatt tartottak. A Föld homokjaiban vannak eltemetve.

Végelenség Tekercse 1

A Végelenség Tekercse 1

Mi más a halhatatlanság, mint feledésbe merült, elnyújtott álom. Állandóságot kutatni az elme bolondsága, szerkezeteken csüngve a múltba kapaszkodik.

Amikor mind a csend mind a mozgás bennsőnkben eggyé válnak, a halhatatlanság végtelenül fenntartható. Ezzel egyidőben viszont, az Egy Életen belül, lehetetlen nem változni.

Ne hódolj be a halálnak, uralkodj inkább az élet felett és változtasd formádat, miként az égen a felhők. Az eső táncában vagy a folyó folyamában bontakozzék ki benned az élet tánca.

Végtelenség Tekercse 2

A Végtelenség Tekercse 2

Ne uralkodjék a test feletted, szükségleteinek te légy az ura. A test eszköz, átmeneti tér csupán, mely az Örökkévalóság teretlen terében úszik. Amit magunk körül látunk, lehetóség csupán mind, míg létre nem hívjuk őket. A test tőre azt képzelteti el velünk, hogy tudunk. Támaszpont illúziójaként áll elő egy örökkévaló folyamon belül. S miként a táncoslábnak, neki is engednie kell. Az Örökkévalóval és a benne átélt eksztázisos egységben, a táncoló nem a saját táncát járja. Se sikere, se kudarca nem lehet, csupan egy lehetősége van – az Egy Élettel eggyé válni.

Végtelenség Tekercse 3

A Végtelenség Tekercse 3

Aki azt gondolja, hogy tud, a tudott dolgok csapdájába gubozódik be. Aki a kiismerhetetlenben él, szabadon röpköd, mint a pillangó.

A tudott, vagy ismert, dolgok illúziója földhözragadt nézőpontohoz vezet, s miként a falevélen mászó hernyó, képtelen észrevenni a szélben felette táncként röpködő pillangót. Az ilyen elött az élet lehetőségei észrevétlenül suhannak tova.

Se matrica, se program, sem semmiféle tervezett vagy szerkesztett kimenetel nem létezhet. Mindezek csupán a NagyViccmester – a racionális elme – illuziótól nemzett ivadéikai. Érzékektól becsapva, s olyan gondolatok ámulatábában, hogy az élet előre kiszámítható, az élet tényleg érthetőnek tűnhet. Valójában viszont a kibontakozás rendületlenül megy előre, s mindig újabbnál újabb formákban jelenik meg.

Végtelenség Tekercse 4

A Végtelenség Tekercse 4

Hitrendszerek szövevényeiből alsóbbrendű alkotások egész hálózata jött létre. Hitnézeteink törekvések szövődményei, melyekkel irányítani, értelmezni és megérteni akrjuk életünket.

A teremtés ábránd – képek vetülete csupán. Mihelyt valósnak tekintjük őket, tüstént ábránd-valósággá válnak. Az élet színpadán semmi újat nem lehet létrehozni, mivel a változatlan és a változó eggyek a Végtelen Életen belül.

Miként árnyak a falon, vakságunk igézete alatt képtelenek vagyunk meglátni, hogy az életet nem megteremteni kell, hanem meglepétésivel játekszerűen összhangban kerülni.

Végtelenség Tekercse 5

A Végtelenség Tekercse 5

Azt tételeztük fel idáig, hogy mindennek volt valamikor kezdete. Az a nézet, hogy a teremtés egy eredőpontból indult ki, kettős illuzióhoz vezetett: ugyanis semmi nem teremtődött és semminek nem volt kezdete. Egyként öröktől fogva létezünk.

Ne kutasd az élet eredetét. Ne légy tudásszomj rabja. Az elme ugyanis a biztosba kapaszkodik, a mozdulatlan, kiismerhetetlen folyamának pedig ellenáll.

Sem linearitás, sem ok-okozat nem létezik, amikor mint az Egyetlen Örökkévaló Lény időtlenségben lakózunk.

A Formanélküliség
Elfogadása

*S a hajnalban frissen ébredezni kezdők
közül sokan, akik szabadulni akartak
az álomból, szívüket egybegyűjtötték
megtudni miként lehet az élet több, mint
aminek tűnik ...*

Almine

Amikor egynél többet látunk, hogy lehet az, hogy minden mégiscsak Egy Lényként létezzék ?

Amint felocsudunk az élet álmából, ebből a formátlan formából az élet végtelen tengerén, új eszközökre lesz szükseg e teretlen térben, hogy az Egy Élet táncával lépést tudjunk tartani, paradoxálisan egybefonódva. Öt érzékünket váltsa fel több-érzékű észlelés. Amikor a tudásszomj kényszere végre kioltódik bennünk, erölködés-mentes tudás birtokába kerülünk.

Akkor ízleljük meg igazán a szél lehelletét. Meglátjuk a zene hangját. Mások szívének érzéseire pedig a szellő zenéjéhez hasonlóan fogunk ráhanglodódni.

De szemünk miért térben lát, meghasonlottan és tévesen?

Téves látás a tévedésbe vetett hitből fakad. A formákat statikusnak tekintjük, azt képzelve, hogy tényleg azt látjuk, amit látunk.

Hogyan tudnánk valaha is megszabadulni ettől a bűvölettől ?

Úgy, ha lerázzuk magunkról azt a gondolatbeli bilincset, miszerint tudunk; s kisgyermekek módján ámulattól indíttatva fürkésszük az ismeretlent.

És most beszélj nekünk a beszédről ... hiszen nem az áll-e elő, amit állítunk vagy megerősítünk ?

Amikor kommunikálnak velünk, ne fülünkkel hallgassunk. Hallgasson minden érzékünk, s a kommunikálás mögött rejlő szívünk. A hallottak mindaddig nem szívódnak fel s nem emésztődnek meg, míg gondolatokkal teli az elme. Mihelyt gondolataink lecsendesednek, a nyelv hátterében meghúzódó igazi szándék világos lesz előttünk.

Ezek szerint a nyelv hasztalan eszköz lenne a valóságot megragadni?

Több esélyed van egy hullócsillagot elkapni – vagy a végetelent elérni.

Akkor hát miért ne szűnjünk meg teljesen a beszédtől, ha ennek semmi haszna ?

Az egyetlen nyelv, amit mindenki meghall, az az Egy Lény örokkévaló dala. Ahol valójában csak Egy Lény létezik, ott kommunikációnak semmi helye. A kommunikáci része az élet nagy konspirációjának. Hogy táncra kelhessen, dualitásként álcázza magát.

A nyelv hát akkor barát-e vagy ellenség, amikor mások szavait megszűri?

Játszd az élet-adta játékot, csak ne feledd, nincs mit hallani ...

Mi célja van játszadozni, amikor csak az igazságot keresem ?

Ne keresd azt, amiben vagy. Az Igazság a Végtelen Lénye. A játékot magad miatt játszod, hogy a látszatoktól megszabadulj. Áltatás nélkül az egyedi formák tánca megszűnik. Szerepekből viszonyok lesznek, s különféle kifejezések lépnek a színre.

Beszélj nekünk az élet korábbi ciklusairól ...

Egy Álom képzelt szakaszai azok csupán, semmi más.

De hát ezek szerint véget nem érő ciklusok ismétlődésében élünk – a korábbiakhoz képest valamivel nagyobbakban?

A ciklusok lineáris időhöz kötődnek, melyek spirálszerűen körbe-körbe járnak. A cikkus-váltások ezek találkozásánál jönnek létre.

Minek akkor a változás, ha változatlan változásban élünk ? Mi a felelősségünk?

Kérünk, adj választ nekünk ezekre. Semmi felelősségeünk, amíg szívünkben a Végtelen bontakozódik ki.

De ha az Egységben lakózom, s csendes önátadásban maradok, ez minden bizonnyal segít az illúzió feloldásában ?

Csak tökéletesség létezik; még az illúziónak is megvan a maga szerepe. Semmin nincs mit javítani. Őszinte szívből élj csupán.

Miért nem oly nyílvánvaló a tökéletesség a káosz látszólagos uralma mögött? Miért van látszólag hiány, s oly sokan fajdalmak közt élnek?

Alacsonyabb nézőpontból a magasabb rend nem látható. A káosz teremtése látszólagos véletlennek tünik. A fájdalom a lehetetlen megkísérléséből adódik; amikor elutasítjuk az Egy Élet táncát. Ellenállásunk fájdalom ára lészen.

Búcsúzóul, milyen tanácsotl tudnál adni nekünk ma ?

Képtelenek vagyunk elhagyni azt, amik vagyunk. Mindnyájan Egy és ugyanazok vagyunk ...

A Látnok Bölcsessége

Amikor az irányok otthonra találnak a szívben és
linearitás nincs többé, mindennek az ajtaja leszünk.

Bátorságra csupán azért van szükség, hogy elménk
tiltakozásain túl tudjuk tenni magunkat. Amikor az
elme lecsendesedül, a helyes tett önmagától jön.

A Föld a bölcsőm s az ég a takaróm. Bárhová menjek,
otthon vagyok.

Az elme tükröket gyárt, aztán nekilát küzdeni velük.
Amikor csendben várok, minden élet feltárul elöttem.

Az élet változik és egyben nem is változik.
Kibontakozásában az egyik forma utat nyit a másiknak.
Bár pusztítónak tűnik, spontán tökéletesség létezik
csupán.

Amire tekintünk, azt szoliddá tesszük. Amit viszont
tapasztalunk, az végtelen lehetőségek láncolatában
bontakozódik ki.

Ami való, az romolhatatlan es változatlan. A forma hamisságán át tündöklik a való, az Egy pedig fényesen ragyog.

Amikor a cselekvésben nincs érdek, tett és lét eggyé lesz. Csendes nyugalom szunnyad mnkámban. A munka nem munka többé.

A szépség csak az elme lecsendesedése s a szív
kinyílása révén látható meg. Mi más a szépség, mint az
Örökkévalóság megpillantása ?

Ahol meghasonlás, ott illúzió. A meghatározható
valótlan.

Tudva hogy az élet csupán álom, ébren-álmodók és az álomvilág mesterei lehetünk. A dermedtté lett valóság folyékonnyá válik, s az életet csodák özöne árasztja el.

Időn kívül élni nem azt jelenti, hogy figyelmen kívül hagyjuk ami elöttünk van, hanem hogy ami elöttünk van, az minden.

A beavatott tudja, hogy önmagát megváltozva a környezetét változtatja meg. A mester nem lát ebben különbséget, mivel környezetét önmagaként élvezi.

Amíg a benső ember irányításához külső törvényekre van szüksége, a körülmények okozataként, nem pedig az Egy Élet kifejezéseként, élünk.

A közösség vagy áldás, vagy lánc. Eszköz csupán az egyén szolgálatára, s nem zsarnok, aki a konformizmus álarcát kényszeríti ránk.

A test elvethető mező, amit egy másikkal helyettesíteni lehet. Szolga csupán. Valódi részünk a mester.

A környezet saját tükörképünk lehet, mert valojaban mi vagyunk az. Csupán látásunk sajátos módjából adódóan látjuk magunkat kívülállóknak.

A magabiztonság kisebb énünkkel való azonosulásunkból, míg az önbizalom az Egy Életből fakadó tévedhetetlenségünk tudatából származik.

A kegyelem bűntudatból ered, a bűntudat pedig
ítéletből. Az ítélet továbbá abból, hogy képtelenek
vagyunk felfogni, hogy minden létező dolognak valami
célja van, különben nem létezne.

Amikor visszapillantunk, a múlt életre kel a jelenben.
Amikor előretekintünk, jövőt teremtünk pusztán a
pillanat lehetőségeinek a keretén belül, a még be nem
következett pillantok hozománya nélkül.

Ahhoz hogy a halandóság határain kívül éljünk,
egész lényünk velejéből kiindulva kell élnünk, oly
végtelen jelenléttel felruházottan, mint a világegyetem
(kozmosz), mely emberként tapasztalja önmagát.

Ahhoz hogy teljes Egység létezhessék, minden lénynek
androgénnek kelll lennie, férfiassága és nőiessége
egybe kell forrjon, tökéletes harmónikus egységbe.

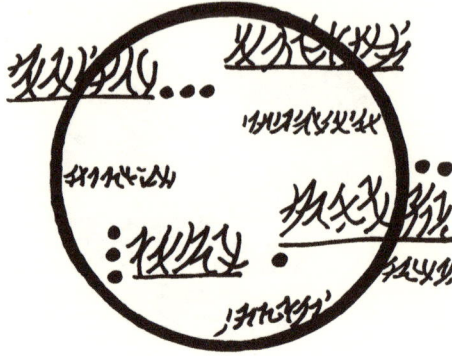

Minden programozott viselkedésnek a Végtelen
folyékony kifejezésévé kell váljon bennünk. Ennek
velejárói azok a feltételhez kötött elvárások is,
hogy milyen módon fejezzük ki férfiasságunkat és
nőiességünket egyaránt.

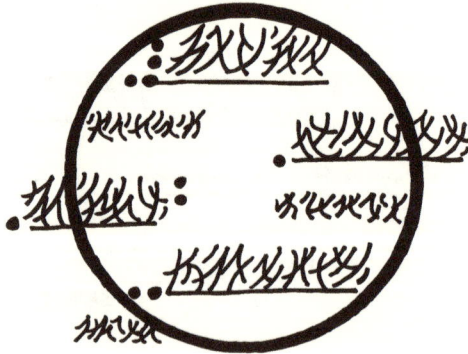

Mindezeknek a lehetőségeknek az elfogadása csak
akkor válhat valóra, amikor minden értelmezéssel és
elvárással felszámolunk.

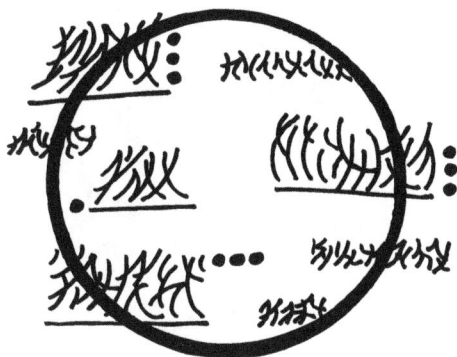

Mint a Végtelen forrásainak csatornái, tekintsük
magunkat megbizottaknak, mintsem tulajdonosoknak.

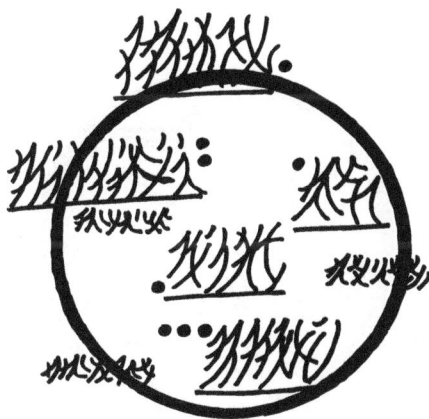

Amikor az Egy Élettel eggyűvé válunk, az illúziót
kizárjuk környezetünkből, s ezzel mindig szent térben
tartózkodunk.

Mi más az élet Álma, mint zenében szunnyadó, el nem dalolt hangok lehetősége?

Értékeld az illúzió szerepét, különben meg nem látott adományai torzult módon fognak megnyílvánulni.

Az egyénivé válás árnyak táncát járja akörül, amit az
Egy Élet megvilágít.

A dualitásból való gyógyulás nem abból ered, hogy
minden hangot egyszerre játszva véget vetünk a dalnak,
hanem hogy minden egyes lejátszott hangjegyben
megszólal az egész.

Mégha az illuzió formája meghalna is, amíg minden kétséget kizáróan romolhatatlanságunk tudatában vagyunk, egy másik, újabb forma veszi át a helyét.

Senki sem szabad, aki az identitás álarcát visel. Mások kezében, madzagon rángatott bábu csupán.

Miként a pókháló megfogja a molylepkét, akként
fogják meg a programok az embereket. Nyomatékkal
szabaditsátok ki magatokat kötelekükből.

Életünk dala hamis lesz, ha illúzióra, az élet meg
nem énekelt hangjegyeire fordítjuk figyelmünket.
Koncentrálásunk révén, lehetséges hangokból valóságos
harmóniába foglalt hangokká változnak.

Ha a Végtelen Jelenlét teljessségétől eltelten éljük
életünket, már csak a táncot alátámasztó illúzió marad
meg. Ami pedig a táncos kecsességét botladoztatná,
egyszerűen kámforrá válik.

Szemmel látott szépség forma-illúzió szépsége csupán,
s ami az agyagköcsög épségének öröme ma, másnapra
cserepekre hullik szét.

Amikor a változás lineáris, kizökkenünk az időtlenség
ártatatlan tisztaságából s a jövő lehetőségei felé
nyújtózunk. Amikor a változás exponenciális, a jövőnek
lehetősége most és itt van.

Amikor a szépséget a szív látja meg, valódi részünket
az élet valódi részéhez csatoljuk. Belépünk az Egy
Életbe.

A gondolat a múltat leszorítja, mint megkövesedett
jelen. Feloldani ezt csak azzal lehet, ha gondolatainkat
erölködés nélküli tudással helyettesítjük.

A forma és idő úgy viszonyulnak egymáshoz, mint
a lineáris előrehaladás képzelt madarához kapcsolt
szárnyak. Amikor nem-időben élünk, kötetelenül
viszonyban állunk a formához.

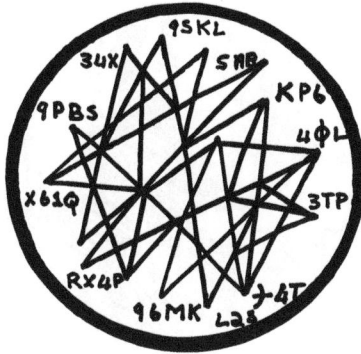

Bő források akkor lesznek csak a mienk, ha elhagyjuk
az élet mozgását, az időt. Amikor mozdulatlan ponttá
válunk, minden hozzánk sereglik.

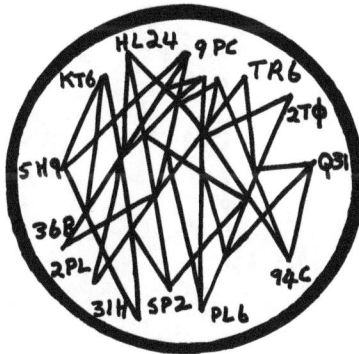

Sajnálkozás csak akkor lehet, amennyiben sikereink és
kudarcaink voltak. Mint az Egy Élet Álmának része, az
élet csupán rajtunk keresztül folyt át.

Kis énünknek nincs szabadakarata. Minden életet az
Egy Élet irányít. Egyféleképpen lehetünk csak szabadok,
ha az Egy Életté válunk.

Az Álom okaiból nem lesz okozat. Egy Élet létezik
csupán. Amikor nem igyekszeünk többé az életet
befolyásolni, csodák hömpölyöge árad rajtunk keresztül.

Azt hisszük, hogy környezetünktől függetlenül
fogunk megváltozni. De hiszen mi vagyunk a minden.
Változásunkkal változik minden.

Sűrűség nem létezik. Az élet oszthatatlansága miatt, az
oceán egyik része nem lehet sűrűbb a másiknál.

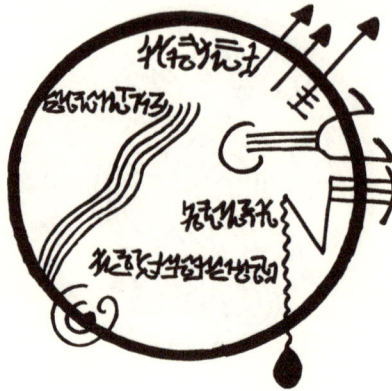

Béke a világban benső békéből származik. A benső
béke a férfi és a női vonatkozásunk benső frigyéből jön,
tökéletesen egybeforrottan.

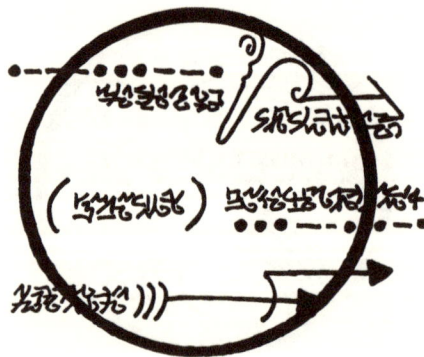

Amikor az életet igyekszünk korrigálni, ellenállunk
neki, s ez itélkezést és meghasonlást teremt. Az
egésznek az elismerése és elfogadása szárnyra kelt.

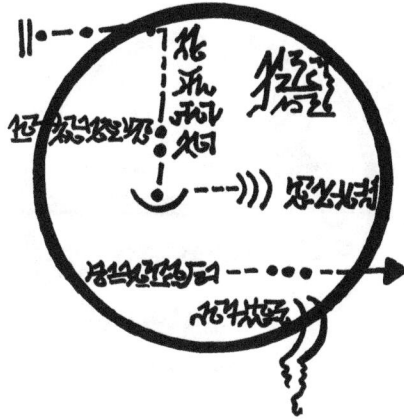

Romlás vagy elkorcsosodás csak akkor keletkezik, ha az életnek ellenállunk. Az igazi élet romolatlan.

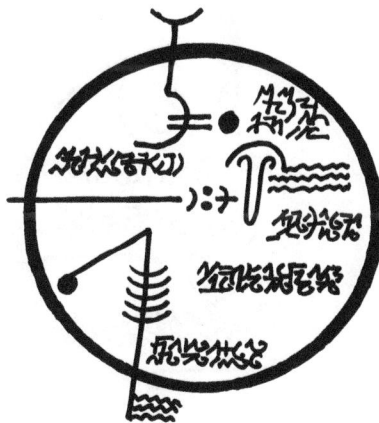

Szerkezeti módszrerekkel nem lehet rendet teremteni. Ezek pusztán az elme eszközei.

Káosz, mint olyan, nem létezik. Az Egy Lény hibátlan. Káosznak mondjuk azt, ami meghaladja értelmünket.

A minden-tudás nem az elméből, hanem a szív erőlködés nélküli, önkéntes kifejézéséből származik.

Az élet sosem kivánja meg tőlünk, hogy megértsük. Az Egy Élet mindent tud, ami parányi nézőpontunkból felfoghatatlan.

Bármifelé viszony az Egy Életen belül illúzió csupán, még a bensőnkből kiinduló megfigyelő és megfigyelt dolog közti viszony is.

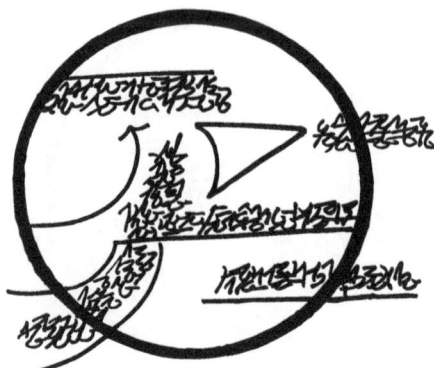

Az önreflekció a spontán kibontakozó élet tisztaságának
útját állja, amikor bármit is önmagához viszonyít.

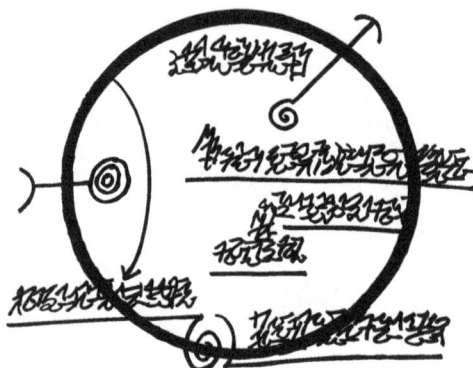

Az Egy Élet mindentudása és ügyessége
rendelkezésünkre áll. Hogy a kitűnőség elérésének a
feltétele a tanulás, illúzió csupán.

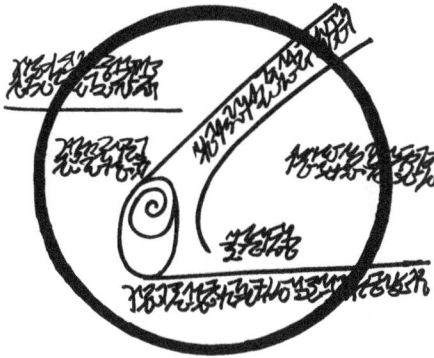

A bennünket körülvevő élet a lehetőségek összefonódott mezeiben szunnyad, s csupán életünk dalai serkentheti fel.

A kibontakozás mozgásnak tűnik, de ez csupan az érzékek illuzórikus trükkje. Mozgás nem létezik, mivel az Egy Lényben se tér se irány nem létezik.

A tudatnak minden szintje egyenértékű az Egy
szolgálatában. Ugyanaz a tökéltesség vezekli a blöcset
és a bolondot.

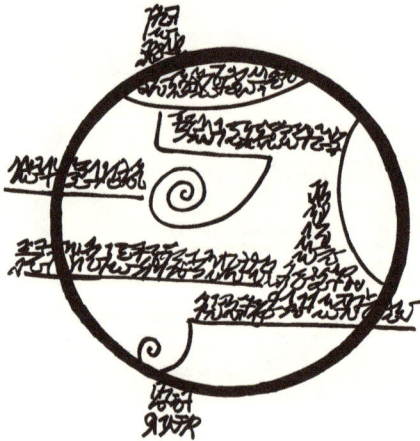

Az élet áramlata nem mozgás. Ennek illúziója
az örökkávaló mezők sorozatos, egymás utáni
hangsúlyozása miatt, a zongorán játszott hangjegyekhez
hasonló módon áll elő.

Sokan értékelik a tudást, s mindnenek felett
azt kututják. De mi más a tudás, mint a tegnap
kibontakozott élet statikus nézete ?

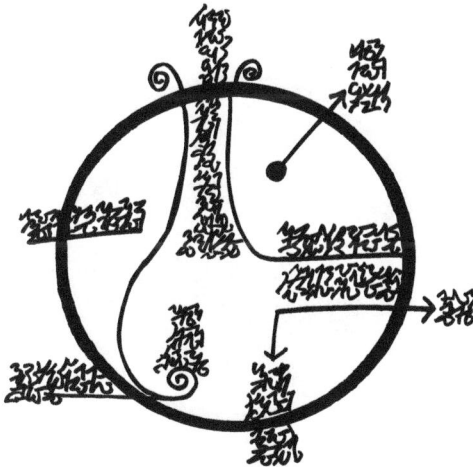

A tudas hierarchiájának semmi keresnivalója ott, ahol
a pillanat eröködés nélküli tudásáról van szó – s ez az
ajándék mindenkinek a rendelkezésére áll.

A szépség, ami az Egy Élet akadály-mentes kifejezését
tükrözi, sem nem változik sem nem hervad.

Rangsorolásnak ott helye nincs, ahol az élet minden
egyéni formájának a kibontakozása az élet egyedi
jellegét fejezi ki. A liliom nem lehet szebb a rózsánál.

A szépség, a Végtelen Élet kifejezését, időtlenben évelődik szüntelen. A kozmosz nem gyámolítja a statikusat.

Amikor szeretteink áldozatul esnek a halálnak, mégha képtelenek is lennénk világok közt kommunikálni, ezt Lényünk Egységén belül mégis megtehetjük. A halál ettől nem kapcsolhat le bennünket.

Ha elismerjük az ember egyedi azonosságát, az
emberiség törzseinek különböző nézőpontjai mind a
mienk lesz, s ettől bennsőleg gazdagodunk.

Azt képzeljük, hogy korszakok terhét hordozzuk,
de az Egy Élet szemszögéből csupán egy pillanat
tovasuhanása volt az egész.

Az idő kerekéről leszállni, s az Egy Élet nyugalmába
beköltözni, ennek kulcsa felhagyni a viszony
fogalmával, tudva azt, hogy valójában csak Egy Lény
létezik.

A többrétegű illúzió addig nem enged szabadulni, míg
fel nem ismerjük értéküket. Az elfogadás a változás
kezdete.

A szétválasztás kényelmül szolgált a Teremtés azon
részeinek, melyek más-más ütemben fejlődtek. Lásd ezt
meg tisztán, s a szétválasztás utat nyit az Egységnek.

A kozmosz hernyóból pillangóvá válása
katasztrofálisnak tűnhet, de csupan Végtelen látomással
lehet a változások tökéletes mivoltát meglátni.

Az álom finomított a kozmoszon a kiköltés
szakaszaiban. Az Álom eszközei az idő s a tér volt.
Ezeket most hálás szívvel elengedhetjük.

Sem kiinduló - sem végpont nincs. Semmi szükség
sietni vagy küzdeni, amikor az életet ebből az
örökkévaló szemszögből nézzük.

Mások elismerése sosem lehet valódi, hiszen ők
képtelenek megérteni egyedi nézőpontunkat vagy
életünk szolgálatának sarcát.

Önelismerésre sincs szükség, mivel az öröm céljából
lettünk teremtve. Az élet mindent átható élvezetén
kivüli cél hajszolása hiábavaló.

Ellenállásra hálával tekintsünk, mint egyénivé válásunk formáltató eszközére. Attól indult be a viszony örömteli tánca.

Soha semmi nem volt veszve az életben. Kicsinyes nézőpontunk miatt tűnik csak annak.

Csak igazság létezik, az az élet alapja. Az illúzió csupán az igazság ideiglenes eszköze.

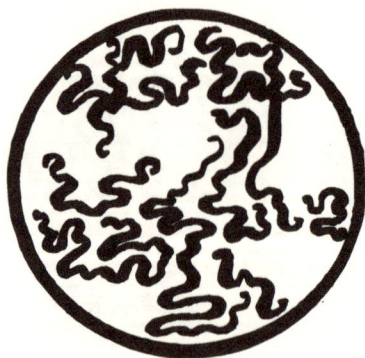

Az élet rangsorolása megosztást hoz létre, míg meg nem látjuk, hogy az életnek egyszersmind a magas és a mély pontjai vagyunk; a szimfónia magas és mély hangjegyei.

Gyakran felelősséget érzünk környezetünk harmónikus
fenntartásáért. Magasabb szemptonból nézve, csak
harmónia létezik, s nincs mit fenntartani.

Elmélkedj az élet hibátlan mivoltán, s feltárul előtted
végtelen szinkronizált játéka.

Az élet árnyoldalai a mi trükködésünk csupán,
melyekkel próbálkozunk a bennünk korábban
elnyomott lehetőségekre fényt deríteni.

Akár erőfeszítések útjan, akár anélkül próbálunk
felébredni, minden ami csak érthető, az Egy Élet
szandékától irányítottt pillanatban nyílvánul meg.

Rajtunk keresztül, s önmagunk ellenére, fejezi ki magát
az Egy Élet hibátlan módon. A leghalkabban pendülő
hegedűhúr és a fergeteges dobszóló egyaránt fontos
részei a szimfóniának.

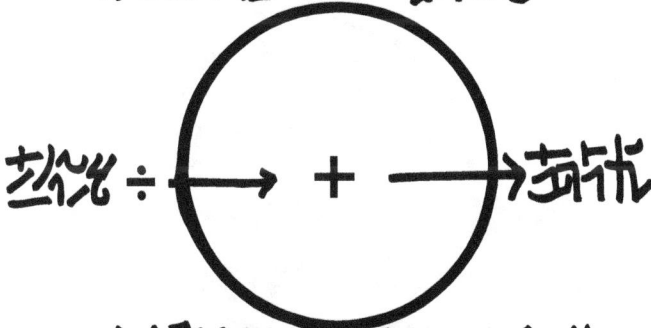

Az élet egy tökéletesen irányított színjáték,
ahol mindenki a maga szerepét játssza. Mégha
látszólag lehangoltnak tűnne is a szereplő, az is a
szövegkönyvhöz tartozik.

Az élet egyetlen ponton forog. Mindegyikünk egy ilyen forgópont, minden pillanataban kihatva az egészre.

A méret semmit nem jelent a Végtelennek, aki teretlen térben lakózik. Mivel a világot nagynak, magunkat pedig kicsinynek látjuk, azt gondoljuk hogy a világ kihatással lehet ránk. Saját valóságunkat tekintve, mint az Egy Élethez vezető út, mi vagyunk az ok, nem az okozat.

Az élet taposómalmát hajtó némelyikének látszólagos boldogsága illúzió csupán. A boldogság nem a vágyak beteljesülése, hanem beteljesülés vágyak nélkül.

Vonakodunk a cselekvéstől, ha nem tudunk kedvező kimenetelt biztosítani. A Végtelen jóindulatának köszönhetően minden kimenetel kedvező.

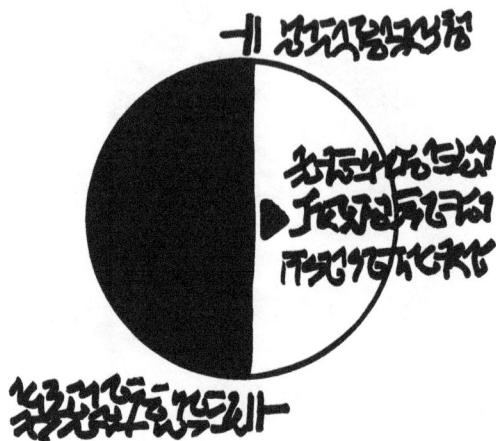

Bontakozzék ki az élet mindnyajunkban önként és
bűntudat nélkül, abban a bölcsőben ringatottan, hogy
az élet mindenki iránt jóságos.

Amikor átadjuk magunkat a magánynak, hogy Rajtunk
kívül nincs más lény, ez idővel átformál bennünket a
teljességi tudatára, hogy mi vagyunk a minden.

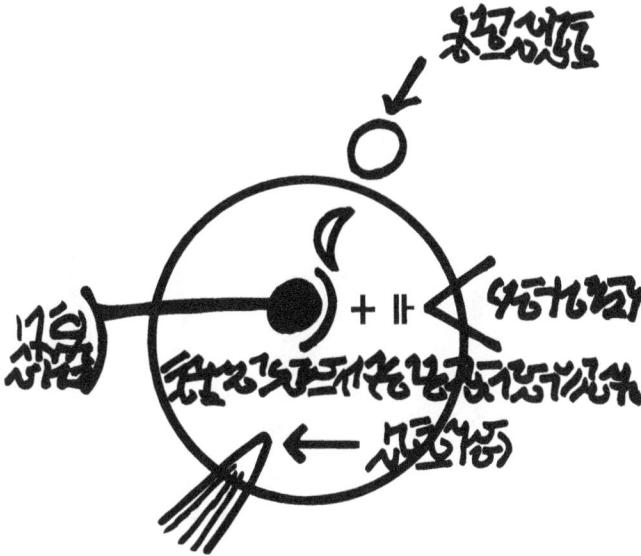

Minden kényelem-övezet az ismerősből és az ismertből
adódik, akar identitásban, akar mester szintű
tágasságban élünk. Az életnek ismerhetetlenné kell
váljon, hogy a Végtelennel eggyé legyen.

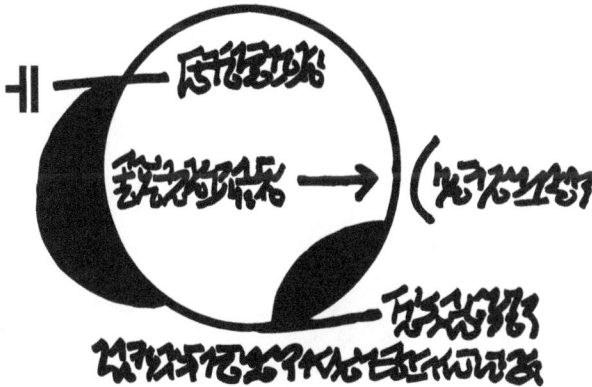

Növekedésre nincs szükség, de helybetopogni sem
lehet. A stagnálás teret kell adjon az Egy Élet kicsattanó
bőségének.

Az élet ártatlan felfedezése szüli a mestert. Legyen
ez a mantránk: *Semmit nem tudok. Mindent lényem
időtlenségében élek át.*

Azzal hogy életünket cimkékkel cirádázzuk, s elménket
a kiszámíthatóság ábrándjával csitítgatjuk, a forma
rabjává tessük magunkat. Ezt úgy kerülhetjük ki, ha a
jelen pillanatát teljes figyelmmel éljük át.

Minél inkább egyvalamire fordítjuk figelmünket,
minden mást kizárva, az élet annál korlátoltabbá válik.
Az élet bármely egyetlen részére fókuszolni olyan,
mintha vödörbe akarnánk szökőkutat préselni.

A Végtelen együttérzésének kapúihoz vagyunk
hasonlók. Másokat szeretni ömagunk elött képtelenség,
hiszen az önszeretet nyitja meg a szívnek kapúit.

Az Isteni Együttérzésen kívüli minden más fajta szeretet csupán emberi alkotás. Az emberi szeretet lekötöz, az Isteni Együttérzés minden eshetőségnek tágas, szabad teret nyit.

Amikor az élet mindennel való egybefonódásánk elismerése nélkül élünk, énünk tördeklése öncentrikus őruletbe vezet.

A meggyőződés nem azonos a szabatossággal. Sokan azt mégis vakon követik, tudástól elkáprázatatva, holott az élet alapvetően kiismerhetetlen.

A zsenialitás nem intellektus. A mesterben az elme kiüresedésével könnyed módon jön létre.

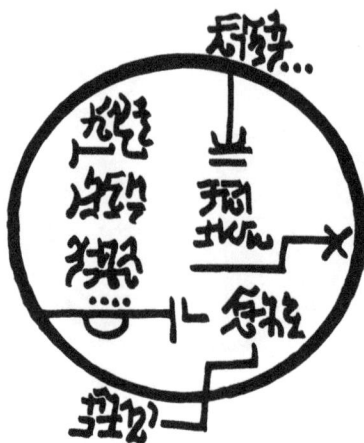

Amikor a hibák elkövetésétől való félelem az élet kiismerhetetlenségének a tudatával párosul, az ember a tegnapi igazság töredékeiben kapaszkodik. Az Egy Lény mivoltunkba vetett önbizalmunkkal tudjuk csak elengedni ami elavult.

Azt képzeljük hogy időt vesztegetünk, de a kozmoszban minden hibátlan időzítéssel működik. Mindig pontos időben vagyunk.

Az élet tánca látszólag ütem-késedelmekkel tarkított. De minden tánclépés tökéletes hibátlansággal van időzítve.

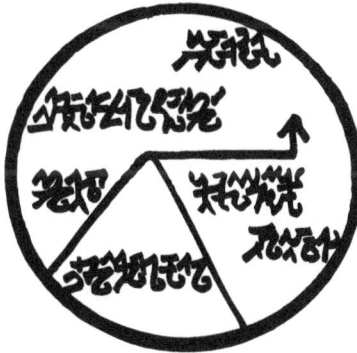

Az a mélyen bennünk megrekedt félelem, hogy az Egy Élet netán romboló módon működik, abból táplálkozik, hogy a régi dolgok múlását szerencsétlenségnek tekintjük.

Tudatunk oceánján, lényegünk szintjén, nincs se
veszteségnek sajnálata se nyereségnek ünnepe. Az
oceán, a maga teljességében, apály és dagály végtelen
váltakozása.

Mint rakoncátlan gyermek, ki az Egy Élet irányításának
tekintélyével szemben dacoskodik, figyeld jóindulatú
kedéllyel az elme csintalanságait, de mint bölcs szülő ne
engedj nekik.

Az élet játékában a bolgyó fényhordozói magukra
vállalják az élet őstípusú fordulópontjainak szerepét.
Ez a tudatküszöb alatti tudás a vilag megváltásására
ösztökli őket, mialatt az élet könnyedtséggel folyik
bennük.

Mivelhogy az élet bennnünk és rajtunk keresztül
áramlik, nincs szabadakaratunk, s ennélfogva
felelosségünk sem. A szabadság fogalma olyan, mintha
a kéz azt mondaná a testnek, "Szabad akarok lenni".

A törzsi tudat az élet időzítő mechanizmusa.
Alkalmazkodásra próbál kényszeríteni és
középszerűségre száműzni. A kiválóságban élni vágyók
kitörnek a törzsből.

A tegnapi álom a tegnapi bölcsességgel lezárult. Vajmi
kevés haszna van a mai álom megszüntetésére.

Ha tigrist etetsz, az étel helyett a kezedet fogja
megragadni. Nem erkölcsös dolog szelidíteni és hízlalni
a valótlant. Ez kóros tünetű magatartás.

Az élet kibontakozása nem észlelhető, mivel minden
élet egyszerre mozog és változik. Kvázi nincs referencia
pont, amihez képest változast lehetne mérni. Az élet
minden pillanatban vadonat újan áll elő.

Egyesek önfeledten másokban vélik felfedezni magukat.
A bölcs ugyanezt a kozmosz metafizikájában kutatja.
Mindkettő egyformán indokolt mindaddig, amíg a
véget nem érő misztérium fel nem tárul mindegyikük
előtt.

Az önismeret megelőzi az önszeretetet. De csupán
egyféle önismeretre juthatunk, miszerint az Egy Élet
tévedhetetlen es szeplőtelen eszközei vagyunk.

Minel jobban igyekszünk megvilágosodni, annal erősebb a lefelé húzó erő. A lebegést gravitációval kell egyensúlyban tartani. Csak a változatlan változásban nincs polaritás.

Az Egy Élet kibontakozásának fennartatására irányuló erősfeszítéseink, melyekkel még több fényt akarunk vetni az életre, csupan gyarapítják az árny-lények illúzióját. Ily módon a kozmikus szimfónia mindig is harmónikus lesz.

"Nincsenek árny-lények", mondja az ismert dolgok tanítója, amint élete valótlan akváriumában körbe-körbe úszkál. "Árny-lények léteznek", mondja az ismeretlennek tanítója, s előhívja őket a még fel nem tárult lehetőségeik közül.

A Teremtés álom csupán, mivel az Egy Életben lehetetlen egyénné válni. A Végtelennel való tökéletes együttműködés viszont kellemes álommá lesz.

Az élet szerkezeti programozása, mint például
a társadalmi kondiciónálás, az élet vírusa, mely
disszonáns valósagot teremt. Figyeld meg jól tetteid
eredetét, hogy vajon programozás eredményei.

Míg életünk bármiféle programozástól vezérelt,
érzlmeinkben nem bízhatunk, hogy az Egy Élet rajtunk
keresztül való kibontakozást közvetítsék.

Nincs se sors se végzet. Semmiféle isteni küldetés nem vár ránk. A értelem zsarnoki természete követeli csupan, hogy létünket az élet örömén kívül keresve igazoljuk.

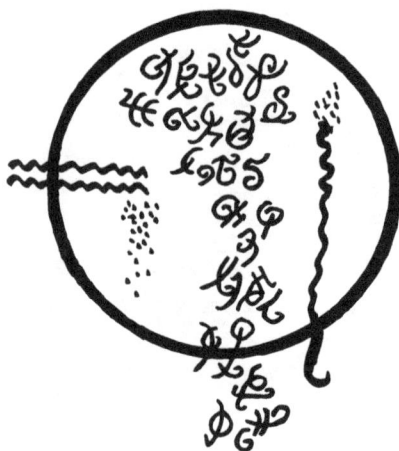

Sokan úgy vélik a kulcspillanatokat meg kell ragadnunk ahhoz, hogy az élet nyújtotta lehetőségeket maximálisan kihasználjuk. De mivel az élet kiszámíthatatlan, a vissapillantó tükörből lehet azt csupán meglátni, míg az Egy Élet rendületlen ütemben s feltartózhatatlanul változik.

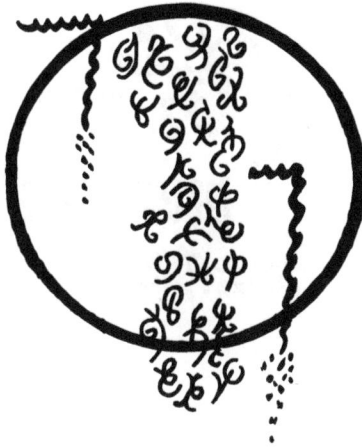

A korrektség nem más, mint másvalaki
értékrendszerének a cenzúrája cselekedetink felett.
Határozottan döntsük el, hogy felszabaditjuk magunkat
mások ítélete és véleménye alól.

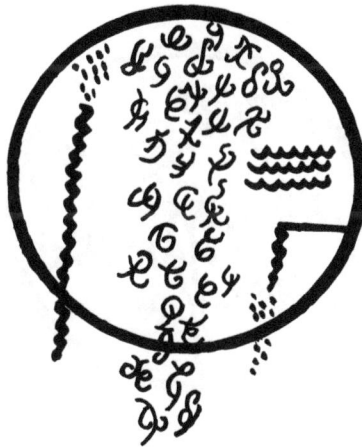

A hitelesség nélküli beszéd az élet férfias, bontó
tulajdonsagainak ad izmot. A szívből jövő szó a
befogadásra helyezi a hangsúlyt.

Sokan úgy győzködnek másokat, hogy tudatalatti
húrjaikkal pendítik ki meggyőződésüket. Hogy ennek
ne essél áldozatul, takarékon hallgasd zenéjüket.

Aki tényeket közöl, nyelvezete halott. A szívből szólók
szavaiban élet van, mivel beszédük a hangoknak egész
spektrumának színtjén rezeg.

Csak akkor szólj, ha szived indít rá. Beszéded csak akkor lesz androgén. Igy a Végtelen Élet nyelvén fogsz szólni.

Legyen beszéded mások beszédének az oka, nem az okozata. Mester módon reagálj, ne a bolond módján vágj vissza.

Ne védekezz. Mi szüksége van bizonyítgatni magát annak, aki az Egy Élet ártatlanságában él? Csak ártatlanság van.

Aki beszél, nem tud hallgatni. Az élet azok fülébe suttogja titokzatosságát, akik csendben hallgatnak.

Vannak, kiknek beszédük körkörös, míg másoké
egyenes vonalban halad. Hallgasd a kör mögött
meghúzódó értelmet, s érezzél bele az egyenes vonalú
beszéd nyílvánvaló értelmébe.

Sok elme-alkotta program, mint például a vallás,
leértélelte a testet. Eszközök ezek csupán a test
kimondhatatlan csodjának kordába tartására.

A test igazi állapotában nem a halál alárendeltje. Csak akkor halhat meg, amikor fénye nem párosul többé a világossággal. A világosság hitelt érdemlő autentikus élet révén nyer kifejezést.

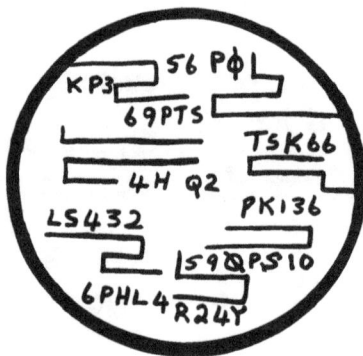

Reinkarnáció azért van, mivel az élet bizonyos részeit elkerüljük. Ennélfogva életek egész során át ingadozunk és vacilálunk aközött, amit elfogadunk, s amit elvetünk.

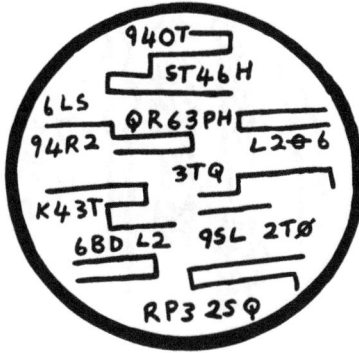

Ha programoktól irányítottan élünk, mint a molylepke
a pók hálójában, észrevétlenül beszőnek minket további
tudatalatti programok szálljai. Csak a programozás
alól felszabadultan láthatjuk meg mások gondolatainak
tolakodó erőszakoskodását.

Helyes cselekedetek miatt sose sajnálkozzunk. Minden
cselekvés, mely hitelt érdemlő életmódból fakad,
minden általa érintett személy javát szolgalja, legyen ez
akár világos előttunk, akár nem.

Minel inkább látjuk mások isteni mivoltát, s minél jobban elismerjük ennek egységét, egyéni adományuk mienké lesz.

Amint minden élet rajtunk keresztül folyik, táncát vagy élvezettel fogadjuk vagy ellenállunk neki. Az élvezet a kaland érzetéből jön, az elégedettség pedig az önátadásból.

Nincs történelem. Nincs jövő, mi várna ránk. Csak a
pillanat létezik, mely az örökkévalósgába nyúlik.

A magány a nagyság kezdete. Ez a Végtelennel való
talalkozás helye.

A lojalitás vakságot szül. Környezetedben naponta
megújulva láss mindenkit s ne tartsd foglyul őket azzal,
hogy badarságuk kedvében jársz.

Minden ami korábban történt, a pillanat tökéletességére
juttatott téged, az időtlenség kezdetéhez vitt, az Örök
Élet szülőhelyére.

Zárószó

Áldottak legyenek a láncok, melyek megkötözek, miként a hernyó hálás gubója oltalmáért. Kiköltésre várva lappangtunk idáig, hogy belépjünk az Egy Élet fennséges jelenlétébe.

Miként a pillangó szélnek ered és szárnyait a nap sugaraiban kibontja, ne sajnálkozz korlátok közé való zártságod miatt. Méhébe voltál azért, hogy romolhatatlanságra szüless.

Tükörképed nem vetődik többe börtönfalakra, s régi identitásod eltorzult képére nem bámulsz soha már. Mert amivé lettél, azt nem lehet régi, Földhöz-kötött léted korlátai közé szorítani. Nem bóbiskolsz többé félig elfeledett álmok bábjában. Eggyé lettél a fűvel, s önfeledt tánccal ringatózol a szélben. Te vagy az Egy Élet gyermeke és szülője.

Könyvek Almine-tól angol nyelven

A Life of Miracles, Mystical Keys to Ascension, 3rd Ed.

Arubafirina, The Book of Fairy Magic, 3rd Ed.

Belvaspata Angel Healing Volume I, The Healing Modality of Miracles, 2nd Ed.

Belvaspata Angel Healing Volume II, Healing through Oneness

Handbook for Healers

How to Raise an Exceptional Child, Practical Wisdom for Spiritual Mastery

Journey to the Heart of God, Mystical Keys to Immortal Mastery, 2nd Ed.

Labyrinth of the Moon, The Poetry of Dreaming

Seer's Wisdom, Guidance for Spiritual Mastery

Secrets of Dragon Magic, The Sacred Fires of the Hadji-ka

Secrets of the Hidden Realms, Mystical Keys to the Unseen Worlds, 3rd Ed.

Secrets of Rejuvenation, Practical Wisdom for Physical Mastery

Seer's Wisdom, Guidance for Spiritual Mastery

The Gift of the Unicorns, Sacred Secrets of Unicorn Magic, 3rd Ed.

Lemurian Science of Immortality,

The Lemurian Science of Peace, Entering the Higher Reality of Mastery

The Ring of Truth, Sacred Secrets of the Goddess, 3rd Ed.

The Sacred Breaths of Arasatma, Alchemical Breathing Techniques of the Ancients

Windows into Eternity, Revelations of the Mother Goddess 5th Ed.

Irash Satva Yoga, The Yoga of Abundance, 2nd Ed.

Saradesi Satva Yoga, The Yoga of Eternal Youth

Aranash Suba Yoga, The Yoga of Enlightenment

Divinity Quest, Activating the Higher Matrix of Godhood in Your DNA

Elfin Quest,

Zene Almine-tól

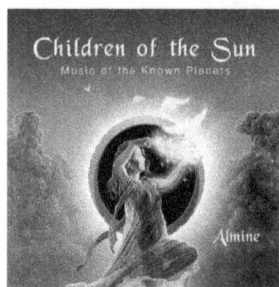

Children of the Sun (A nap gyermekei)

Zene az ismert bolygóktól. Gyönyörűséges
csillagközi hang-elikszirek, amiket
maga Almine kapott és ó maga is énekli.

Price $9.95 MP3 Download
$14.95 CD

Labyrinth of the Moon (A hold labirintusa)

Zene a rejtett bolygóktól. Ezeknek az elikszireknek minden
hangját maga Almine kapta és ő maga is énekli.

Price $9.95 MP3 Download
$14.95 CD

Jubilation - Songs of Praise (Jubileumi ünneplés - Dicsőitő énekek)

Zene a világ minden részéről ami a szivet
felemeli és a hallgatót megihleti. A zene kiváló
misztikus minősége, valamint Almine rendkivüli
hang tisztasága, azt a hangulatot keltik, mintha
az ember angyalok jelenlétében lenne.

Price $9.95 MP3 Download
$14.95 CD

Látogasd meg Almine website-jét
http://www.spiritualjourneys.com/
világszerte felkinált visszavonulási helyek
és dátumok, interneten adott kurzusok,
rádioadások, stb. információjáért. Rendeld
meg egyikét Almine számos könyvei,
CD-jei vagy azonnal letöltései közül.

Almine könyvei és az interneten adott kurzusai
közül más nyelven is rendelkezésre állnak,
mint például németül, oroszul, spanyolul,
franciául, hollandul, portugálul, olaszul és dánul.

www.ingramcontent.com/pod-product-compliance
Lightning Source LLC
Chambersburg PA
CBHW030525100426
42813CB00001B/157